JN437824

길道에서 길路 찾는 절망과 환희

길道에서 길路 찾는 절망과 환희

—

초판 1쇄 2019년 6월 10일
지은이 박봉규
펴낸이 김영재
펴낸곳 책만드는집

—

주소 서울 마포구 양화로3길99 4층(04022)
전화 3142－1585 · 6
팩스 336－8908
전자우편 chaekjip@naver.com
출판등록 1994년 1월 13일 제10－927호

—

ISBN 978－89－7944－678－4 (03810)

박봉규 시집

길道에서 길路 찾는 절망과 환희

책만드는집

| 시인의 말 |

전하고픈 나의 언어가 그대 앞에 멈춰 서면 나는 혼자입니다.

전하고픈 그대의 언어가 내 앞에 서버리면 그대 또한 혼자입니다.

멈춤 앞에 벽이 있습니다. 그대와 나는 함께 있지 못하고 벽을 사이로 홀로 있습니다.

전하고픈 언어가 멈추는 것처럼, 지나쳐 버려도 혼자입니다.

우리의 언어는 동그라미입니다.

두 개의 동그라미가 마주 서는 접선接線은 직선直線입니다.

우리를 가르는 직선이 구부러져 내선內線이 되어야 그대와 나는 우리가 됩니다.

언어가 문을 열고 들어올 때 벽은 허물어져 동그라미가 됩니다.

그댄 나에게 그대의 말 보내고 난 그대에게 나의 말 보내 아낌없이 받아야 합니다.

보낼수록, 받을수록 언어는 진실해지고 커져갑니다.

–2019년 5월

박봉규

| 차례 |

1부 자연의 길道, 역사의 길路

2부 일탈

3부 길道에서 길路 찾는 절망

4부 길道에서 길路 찾는 환희

5부 마지막 선물

1부

자연의 길道, 역사의 길路

질문 하나

선생님께서 열심히 진리를 가르치고
모두가 고개를 끄덕이는데
결식아동 하나가 번쩍 손을 들었다
"선생님! 점심 먹었어요?"

아침에 깨어나서 잠들 때까지
TV에서 정의를 가르치는 선생님들께
절망을 일상으로 껴안은 풀잎 하나가
손을 번쩍 들었다

월급 받는 날
오늘 나올지 안 나올지 초조해본 적 있어요
월급 주는 날
오늘 줄 수 있을지 없을지 걱정해본 일 있어요

TV 전류가 뚝, 끊어져, 버렸다

역사 = (離散 Ⅰ)$^{2+\alpha}$ + (離散 Ⅱ)$^{1+\beta}$ + C(고향)

당신
배고파서 고향 떠나셨지요
주먹만 한 밥통이 그땐 왜 그리 컸을까요
버려진 설움과 핍박이 켜켜이 고인 불모의 땅
사할린!
당신께선
배 채우기 위해 하루하루 밥통을 잘라야만 했습니다

배만 채우면 살 것 같던 그땔
속절없이 가는 세월로 달래보지만
아!
가시지 않는 허기는 지금도
두고 온 산하山河를 기웃거립니다
잘린 밥통의 허기는 고향으로 내달립니다

배고파서 등진 곳, 마음 아파 다시 안을 고향은
역사는

당신만 손짓합니다
70년 세월 거기 묻고 오라 합니다

당신은
이 땅, 반도의 눈 시린 사실입니다
역사는 지금 당신 앞에서
떠날 때처럼 침묵합니다
그때처럼 당신을 외면합니다*

* 사할린에 거주하는 동포는 1945년 8월 15일 이전에 그곳에 거주했던 이주 1세대 2세대만 영구 귀국이 허용되었다. 3세대 이후는 귀국할 수 없다. 1·2세대들의 귀국은 또 다른 이산을 낳고 있다.

뜻으로 보는 반도 역사

한때
역사를 읽으며, 밤새도록 뜬눈 밝히며
분노했다

한때
역사를 짓이기는 광란의 질주에
분노했다

한때
밖에서 옥죄어 오는 역사 왜곡에
침묵하는 지성에
안에서마저 제 역사 외면하는
외눈박이 지성에
분노했다

한때
양성釀性하지 못하고 오염되어가는

미래 세대에
분노했다

이제 막다른 골목, 높은 벽 앞에 선, 지금
분노마저 허물어진다

졸업의 순간 신용불량자의 주홍 글씨
절망적인 미래 세대가
역사를 밝힐 의미가 있는가
보아야 할 시간이 있는가

분노하지 못하는 절망에
분노할 의미가 있기는 한가

유령의 땅

땅이 넓은 건 아닌데
사람이 적은 건 아닌데
서로 멀어지다 보니 땅이 넓어졌습니다

그곳에
유령이 들어와 삽니다

사람과 사람 사이
소리가 막히다 보니
유령의 소리가 커져갑니다

사람의 소리는 꼬리가 있지만
유령의 소리에는 꼬리가 없습니다
좁은 땅 안
어디를 가봐도 유령의 소리뿐입니다

마침내

유령의 소리는 사람의 소리를
몰아냅니다
갈 곳 없는 사람들은 유령이 되어갑니다

매미 공화국

매미 나라는 자유 · 민주 · 공화국
그렇게 만들려면
매미들이
자유롭게 연합해, 민주적으로 협회를 결성하고
공동으로 위원회를 조직해야 한다

개미는 나라 지키는 일에
무식하다고나 할까? (모르니까…)
게으르다고나 할까? (사명감이 없으므로…)
아무튼 그런 것이다! (더 이상 말할 필요 없다…)

우리는 나라 지키는 일에
없어서는 안 된다! 많이 배워 아니까
있어야만 한다! 경험이 풍부하니까
그래야만 한다! 우리는 서로 아니까
아무튼 우리는 확실하다! 우리는 그렇게 태어났으므로

그러니 오늘도 열심히
만드는 데 헌신하자

다시 한번 확인하자 우리가 누군가?
우리들 매미는 개미와는 다르지 않은가!

1980, 1960, 1917

1980년 5월, 광주 금남로
대한민국에서 가장 용맹스러운 군대
공수특전단의 총구는
형제들을 겨누었다

1960년 4월, 광주 금남로
대한을 지켜온 우리의 군대
카빈 소총에 총알은 없었다
시민과 함께 한 사발의 맹물
나누어 타는 목 축였다

1917년 2월, 러시아 페트로그라드
차르 군대 중 가장 잔인하다는
카자흐 병사들마저도
기병 장교들이 막은 길, 군중에게 터주었다

혁명이란 길을 막는 살육이 아니다

막힌 길 뚫는 것이다
잃어버린 길 다시 찾는 것이다

386! 지금 어디, 누구?

그때 386, 지금쯤 586일 그들에게
그때 혁명은 있었다
체 게바라는 없었다

「쿠바를 떠날 때
누군가 나에게 이렇게 말했다
당신은 씨를 뿌리고도
열매를 따 먹을 줄 모르는
바보 같은 혁명가라고
나는 웃으며 그에게 말했다
그 열매는 이미 내 것이 아닐뿐더러
난 아직 씨를 뿌려야 할 곳이 많다고」
(詩 : 「행복한 혁명가」 전문, 체 게바라)

「나는
쿠바 사람들의
눈에 보이는

모든 것을
만져보고 싶었고
모든 것을
느끼고 싶었고
그리고
모든 것을
알고 싶었다」

(詩 : 「쿠바」 부분, 체 게바라)

검은 베레모 눌러쓴 그가
시가cigar 연기에 실어 보내는 마지막 말
"세상을 혁명하려거든 먼저 자신을 혁명하라"

그들은 여기서 귀를 막았다

종말의 역사(81. 5. 0891.) → 역사의 부활(1980. 5. 18.)

81. 5. 0891.
그때 바로 거기서
산 자는 죽어가고 죽은 자는 살아 있었다
죽은 자는 살아 있는 자의 가슴에서 죽었고
산 자는 죽은 자의 무덤이었다
삶과 죽음이 우리 안에 함께 있었다

그때 바로 거기를
외면한 살아 있는 자들
먼 나라 아프리카, 남아메리카에서나
있을 법한 일들처럼 바라볼 때
밖에서는, 역사를 뒤집고 말았다

사람은 역사를 만들지만 말은 역사가 합니다

사람이 안에서 역사를 만들면
역사는 밖에서 평화입니다
사람이 밖에서 역사를 찬탈하면

아프다고 말합니다
아파서 새로운 생명이 “절망적”이라고 말합니다

역사는
‘그때 바로 거기’를 ‘지금 바로 여기’로 가져옵니다

사람이 역사를 만든다지만
‘아프면’ 역사가 사람을 만듭니다

빛이 넘쳐흐르는 광주의 아픔, 우리의 절망
81. 5. 0891.이 1980. 5. 18.로 바르게 서면
나는 새들마저 멈춰 울었던
망월의 대지는 이제 일어나
새들의 눈물을 훔쳐줄 것입니다

인간은 파멸당할 수 있어도 패배할 수 없는 것이
역사입니다

2016. 11. 26. 변증의 역사

물결 위로 물결 넘쳐도
아프지 않고
부르지 않아도 하나 된 물결이
광화문을 바다로 만들었다

얼룩진 해는 밤으로 숨고
타들어만 가는 여린 촛불들이
해보다 더 광장을 밝힌다

회색의 질곡에 숨죽인 불씨가
몸 추슬러 거대한 불꽃을 만든다

가까이 있는 먼 이웃들이여
여기 와서 보라
절망 속에서 절망을 지워가는
넘치는 생명의 현장을
역동하는 변증의 역사를

1953년 7월, 吉洙 아저씨

하모니카 불며, 울며 산으로 가는 아저씨

"지가 이씅께 우리 동～넨 무탈할 꺼만요"
"그려그려, 암 그러제, 그 말 맞제, 제발 그려～잉!"

방장산에서 백양산으로
거기서 순창 쌍치골로 꺾어지고
다시 피아골 뱀사골로 올라가는 길목
우리 동네 장성, 하고도 신흥

吉洙 아저씨는
머슴살이 대물려 온 까막눈 집 큰아들

하늘이 땅 되고 땅이 하늘 된
그때 세상에서도 뒤집어지지 않았다

참봉 어르신네 지키려고

우리 동네 지키려고
그래서 머슴살이 또 하려고
핫바지 무명 저고리에 빨간 완장만 찼을 뿐이다

"조은 시상이 별건가요, 삼시 세끼 배때야지 곯지 않으면
그게 조은 시상이구먼요"

국방군 도라쿠 타고 작은재 넘어올 때
조은 시상 오거던 우리 다시 만나자며
도로부찌 벗어 들던 吉洙 아저씨

온 동네 다 지켜주고 산으로 갈 때
따꿍총 거꾸로 메고 산에 오를 때

뿌뿌암 뿌뿌~암 뿌르르~암
하모니카 움켜쥔 손 따라 울 때

누구 하나
우리 吉洙 아저씨 막아서지 못했단다

청소

내 친구의 연인은 미래에 사는데
그 연인의 주소는 미래여서
훤히 보이는데

그대는 어찌 과거에만 있나요
그대 주소 찾아가면
더 먼 과거로 숨어버리고
힘들여 찾으면
더 깊은 어둠 속으로 가버립니다

그대!
내 친구의 연인처럼 이제는
밖으로 나오면 안 될까요?
그댄 결핍에 찌든 것 같아요

그댄
결핍의 원인을 파헤치려고

죽어버린 시체를 해부합니다

그러나 사인死因은 다른 시체에 있습니다
다른 시체를 또 부검합니다

사인이 또 거슬러 갑니다
부검은 시체를 살릴 수 없습니다

우리 만남과 사랑은
결코 부검에 있질 않습니다

내일을 만들기 위해선
끝없는 부검을 끝내야 합니다

청소는 그날그날 쓸고 닦는 것입니다

어디로 가야 하나

"철학자들은 세계를 여러모로 해석해왔다. 하지만 중요한 것은 세계를 변화시키는 것이다"

런던 교외 하이게이트공동묘지에서
자신의 묘비명을 되뇌는
칼 마르크스는 한 통의 편지를 받았다

I

「오늘 베를린장벽이 무너졌음. 세우지 말았어야 할 장벽에 대해 조사할 내용이 있으니 출두하시기 바람. 참고인 신분이나 피의자 신분으로 바뀔 수 있음.」

—1989년 11월 9일. 베를린 당국

깊은 상념의 심연에서 일어서는 '변화'는 '해석'의 중력을 뚫지 못했다
'해석'을 밟고 비틀거리는 그에게
두 번째 편지가 배달되었다

Ⅱ

「오늘 소비에트 사회주의 연방공화국이 침몰됐음. 70여 년간 영혼을 말살시킨 연방을 설계한 귀하의 죄악을 묻고자 피고인 신분으로 소환함.」

—1990년 12월 23일. 러시아연방 민중

나는
영원을 이야기했지 고작 70년을 말하진 않았다
가쁜 숨 몰아쉴 때 세 번째 편지가 배달되었다

Ⅲ

「마르크스 선생! 귀하께서는 자본주의의 승리에 결정적 기여를 하였습니다. 귀하의 설계 도면은 우리에게 커다란 도움이 되었습니다. 우리의 승리에, 그 공로를 기려 감사패를 드리고자 하오니 부디 왕림하시어 축배의 장을 더욱 빛내어 주시기 바랍니다.」

—1990년 12월 23일. 월 스트리트

어디로 가야 하나 어디로 가야 영원을 만날 수 있는가
묘비명이 뿌옇게 어른거릴 때 네 번째 편지가 배달되었다

Ⅳ

「마르크스 선생님! 그 어디에도 가지 마십시오. 베를린 당국이나 러시아연방 민중이 제시한 증거는 조작된 것이며 그 해석도 모순투성이입니다. 선생님의 설계 도면은 완벽했습니다. 시공이 부실한 것입니다. 부실시공의 책임은 선생님에게 있질 않습니다. 월 스트리트 초대는 선생님을 영원히 죽이기 위한 음모입니다. 초대에 응하시면 있지도 않은 설계 도면의 오류를 인정하는 셈이 됩니다. 우리는 선생님의 무죄를 끝까지 변론하기 위해 연대하였습니다. 아직 그 힘은 미약할지라도 정의마저 그렇진 않습니다. 함정에 빠지지 마시고 용기와 희망을 가지십시오.」

—1990년 12월 23일. 인간의 얼굴을 지닌 인간의 연대

추신 : 다만 흠이 있다면 반혁명의 중심축인 경쟁의 힘이 우리를 공격하는 결정적 수단이 될 것이라는 것에 대해, 준비를 소홀히 한 것뿐입니다. 그것은 우리의 문제일 뿐 선생님의 탓은 아닙니다. 재판이 진행된다면 이 점이 쟁점이 될 것입니다.

시베리아에서 실려 온 영하의 바람이
네 통의 편지를 묘지 위에 날리고 있었다
어디로 가야 하나

주여!
정녕 나를 버리시나이까?

현충원

동작동 현충원에 은행 이파리
파랗게 누워 있다
못다 한 젊음이
새파란 피로 누워 있다

동작동 현충원, 거기에는
알알이 불타는 해가
켜켜이 지층에 묻혀 있다

여기 젊은 피, 불타는 해
낙엽 될 줄 모른다
어머니 부르면서 일어설 줄 모른다

동작동 현충원, 여기
화석 된 해, 지층 뚫고 솟는 날

어머니
우리 함께 남겨진 춤, 마저 춥시다

두 개의 칼

칼날이 거대한 허공을 베었다
김유신의 칼은 애마愛馬의 머리를 잘랐고
계백의 칼은 질긴 핏줄을 잘랐다
허공에 달라붙은 사私가 떨어졌다

'우리가 남이가'는
DMZ 아래에 또다시 철조망을 치고
선거 공학의 바이블이었다

우리들의 잔치에 초대받은 자, 축배의 잔 높이 들고
멀리 초대받지 못한 풀뿌리들 위로
풍악 소리 요란하지만
지나갈 것이다

청자聽者 없는 이야기

그대에게 말을 건넵니다
"초면이지만 시간 좀 있으십니까"

아는 사람끼리 이야기하면
서로 아니까,
나눴던 이야기를 이어가니까,
헤어질 때 어제보다
한 꺼풀 옷을 더 입은 채
무겁게 헤어집니다

초면이지만 이야기 좀 들어보시렵니까
옷을 벗고 싶어서요
걸음 가볍게 하려고요

바쁘시다고 말합니다
할 수 없는 일이죠
우리가 바쁜 것은
한 이야기를 이어가기 때문이죠

2부

일탈

가식, 너무나 가식적인

"사람이 미래다"
누구나 알 만한
어느 재벌 회장님甲의 경영 철학이다
짝짝짝

"인적 구조조정이 미래다"
미래로 가기 위해선
하찮은 사람들은 잘라내야 한다
매킨지*乙의 컨설팅이다

乙은 머리 빈 甲을 가지고 즐긴다
乙은 정작 甲의 구조조정은 말하지 않는다
甲은 乙의 컨설팅 시장이기에

겨울이 비수처럼 다가오는데
1년도 채 안 된 신혼의 삶이
구조조정의 칼날 위에 웅크리고 있다

* 세계적인 컨설팅 회사.

분노의 포도

파리마저 지쳐
날지 못하는 폭염 위로
올겨울 혹독한 추위가 점쳐진다

그때처럼 오늘도
달동네 초입, 포도송이 몇 개
졸고 있는 좌판 옆에서
노점상, 따라 졸고 있다

좌판 위 검푸른 포도
더위에 지쳐 썩어가며
포도의 원전은 이자利子가 부풀어간다

가불된 미래가 좌판 위에서
부식되어갈 때

지극히 존엄하신 어르신들

냉장 잘된 회의실에서
그때처럼 오늘도
대책 회의 중이시다

세월호 담론談論, 메르스 공론空論

세월호 담론 = $\int_0^\infty$(무능, 무책임, 부패한 권력, 신자유주의, 담합…)

∴ 세월호 아픔 = 잠재적 상실 → 후진한 나라 ← 우리들의 우리나라

발이 하늘을 향하고
머리가 땅에 처박힌 전도轉倒가
목전에서 벌어질 때, 대한의 억장이 무너질 때

神들이 커튼 안에 있을 때
대한의 현재가 잠기고
우리의 미래가 허물어져 가고 있었다

죽음의 바닷물이 숨을 앗아 가고
칠흑의 어둠 속으로 대한의 꽃들이 잠길 때
아!
우리의 생때같은 새끼들은 누굴 불렀나!

전능한 神들은 무능했고
엄마는 너무 머 - 언 현장에서 땀 흘리고
우리들은 오직 '나'였을 뿐이다

메르스 공론 = $\int_0^\infty$(망각, 실성, 실명, 기득권 보호, 우리와 너희들…)

∴ 메르스 참사 = 현실적 공포 → 야만의 나라 ← 우리들의 우리나라

神들이 커튼을 빼꼼히 들춰 볼 때
너희들의 엄마와 아내가 죽음에 실려 간다

무능한 神들이 하는 일이란 기껏
엄마와 아내 곁에서
아들과 딸, 남편을 격리하는 일뿐이었다
멀리서 마지막 작별의 편지를 쓰는 것

그것만이 가까스로 허락되었다
보름 사이로 떠난 82세 부부는
3남 1녀의 배웅도 받지 못하고
마지막 옷 한 벌 차려입지 못한 채 떠났다

神들이 커튼 속에서 넥타르* 마실 때
미필적 필연의 유예 앞에 선 영웅들
팽목항 앞바다, 병원 철 침대 곁에서
눈물로 나라를 지켰다
세상의 이름 없는 별들!
어두운 세상 밝히는 무수한 별들!
그들은
항상 무너지는 마지막 순간에 일어선다

* 神들이 마신다는 불로장생수.

아랫마을 순이

아랫마을 순이
하늘에 갈 수 없어 신 내렸다네
애비 얼굴 보고자 무당 됐다네

순이 엄니
천둥 번개 치면 대포 소리로 알고
그날 밤처럼 새파래진다네

아랫마을 순이
낮밤 가리지 않고 홀랑 맨몸으로
두 팔로 머리 감싸 무릎에 묻고
탯줄 찾아 엉금엉금 기었다네

"엄니 가랭이 벌려, 다시 들어갈랑께"

아랫마을 순이
지 엄니 가랭이로 머리 들여대며

혼절했다네

순이, 강신굿하던 밤
지 엄니 실성했다네

“그놈도 징하고 그놈도 징혀”
순이 엄니 새색시 때 정액 한 방울 떨치지 못하고
그놈
홀연히 산으로 가고

따발총, 카빈총 소리 콩 볶을 때
그놈 잡으러 온, 포마드 냄새 풍기던
그놈

넘 밭고랑에
순이 ‘씨’ 뿌려놓을 때
사흘 굶은 멧돼지 되어 씩씩거릴 때

하늘 받치는 기둥
무너져 내리고 말았다네
두고두고 흘릴 눈물 보따리
한 번에 풀어져 버렸다네

하얀 그림자

매운바람이 하늘을 가르는 늦은 오후
사내는 휘청거리며 골목을 헤친다
눈 밝아야 볼 수 있는 숨은 간판 하나
피곤하게 걸려 있다

「희망직업소개소」

밟기도 전에 나무 계단은 지레 비명을 지른다

낯선 공간, 낡은 탁자, 처음 보는 소장 앞에서
무참히 자유를 빼앗기고
사내가 살아온 시간의 옷이 벗겨진다
창밖엔 휘황찬 네온이 춤추고
먼 밤하늘, 별 하나 여위어간다

사내는 가슴팍에 칼을 맞고 비틀거린다
"이런 학벌과 스펙으로는 도저히…"

고독이 산 같은 파도로 밀려온다
열 살배기 입원비 앞에서 사내는 무너져 내린다

분노가 칼을 물고 서 있다

검은 깨알이 바둥대는 이력서를
애먼 쓰레기통에 던지고
사내는 전철역 계단에서 비틀거린다

세상이 칼을 물고 세모눈 치켜뜬 채
하얗게 뒤따른다

재너머 댁

사실이 사실 아니었으면 하는 때가 있다
상처가 너무 깊으면
아픔과 세월은 거기서 멈추는가 보다

재너머 댁이 시집온 지 한 달 만에
전쟁은 만수 아버지를 끌어갔고
두 달 후
철원 전투는 만수 아버지 심장에 총탄을 박았다

그렇게 태어난 만수
스무 살 되던 해, 달러$가 있다는,
죽음도 함께 있다는 월남을 찾아갔다
아픈 사실이 겹치면 팔자라고들 한다

만수도
아버지처럼 안케고지에서 눈을 뜬 채로 죽어갔다
재너머 댁의 심장에는 두 발의 총알이 박혀 있다

남편 복 없는 년은 자식 복마저 없다는
옛말이, 이년을 두고 한 말이라고
옛말을 눈물로 할퀴고 콧물로 할퀴어냈다

재너머 댁의 아픈 상처, 치매가 거두어 가는 모양이다

"만수야! 이놈아! 왜 이제 왔냐?"

역사가 있다면 재너머 댁에게는 만수와 만수 아버지다

잊힌 역사는 죽었지만
재너머 댁에게는 시퍼렇게 살아간다

야누스*

법法이란
물처럼 흐르는 것이라던데
위에서 아래로 흐르는 순리라던데

양심이란
부끄러움을 아는 마음이라는데

법에는
조문이라는 벽이 있답니다
속을 들여다보면 이론이 있답니다
또 들여다보면 해석이 있답니다
더 들여다보면 치열한 논쟁이 있답니다
법은 양파 같은 거랍니다
일반인들은 모르지만
아는 사람은 안답니다

법이 양심에 가며는

양심은 명분 속으로 숨어준답니다

양심이 법에 가며는
법은 논쟁에 자리를 비켜준답니다

법이란
물처럼 흐른다는데
물도 바위를 만나면
돌아가기도 한답니다

개미들은
법을 쳐다볼 뿐 넘지 못한답니다
파리 떼들은
법을 마음대로 넘을 수 있답니다

* 로마신화에 나오는 문을 지키는 신. 앞뒤 얼굴이 다르다 하여 오늘날 두 얼굴을 가진 사람, 이중적인 사람을 빗대어 말하기도 한다.

소꿉놀이

죄는 죄이지만
　　시효가 하루 전에 끝났단다
　　처벌할 법률이 국회에 계류 중이란다
　　법률적 요건에 맞는 증거가 없단다
　　서로 간 진술이 엇갈린단다
　　그때는 관행이었단다
　　정무적 판단이었을 뿐이란다
　　다툼의 여지가 있단다
　　무죄 추정의 원칙은 법의 생명이란다
　　.
　　.
　　.

죄는 죄였지만
　　사면한단다
　　보석금을 받고 석방한단다
　　쌍방 간에 합의가 있었단다

일당 수억의 노역으로 갈음한단다
그것도 법이란다
더 많은 일자리를 만들 수 있단다
더 크게 국가에 기여할 수 있단다
정상을 참작할 수도 있단다
.
.
.

인간들의 우아한 법률 놀이를 보고
개미들도 따라 했단다
개미들의 나라가 곧바로 무너져 버렸단다

시시포스Sisyphus*

폭포처럼 쏟아지는 햇볕에 낮도 지친 정오
쇠똥구리
제 몸보다 큰 쇠똥 굴리며
가파른 대낮을 오른다

하늘 닿으려고 오른다
제 몸 뒤집혀도 일어나
쇠똥을 뒤집는다

뒤집고 뒤집히면서
같이 헐떡이다가
대낮의 끝, 하늘에 이르러
같이 땀을 닦는다

하늘 아래, 가파른 땅에 사는
아들들아, 딸들아
지금 절망하지 말자

세상이 그대들 뒤엎으면
쇠똥구리를 보려무나

* 그리스신화에 나오는 인물. 제우스와 죽음의 신 타나토스를 속인 죄로 정상에 다다르면 굴러떨어지곤 하는 바위를 다시 산꼭대기로 밀어 올리는 영원한 형벌을 받았다.

1,400兆, 4~50代

4~50代 능선에서 본
1,400兆 고지는 너무나 높다
능선을 오를수록
고지는 그보다 더 높아진다

4~50代는
다음 4~50代에게 고지를 넘겨주고
능선을 떠난다

다음 4~50代는
다다음에게 넘겨주고
떠난다
이처럼 재밌는 구경거리는 없다

푸른 집 창문 너머로 보면
고도孤島, 여의도에서 보면
재밌는 볼거리다
부채負債로 다스리는 세상 볼거리

월세

하늘이 얼음장으로 덮이고
구름마저 검게 언 겨울밤

바람만은 여태 얼지 않은 듯
유리창을 들볶는다

주인집 아주머니 집세 독촉은
얼지 않고 창틈을 넘어온다

겨울밤에
바람은 칼이 되고
밀린 집세는 칼날 되어

아내와 나 사이를
천 리로 갈라놓는다

가면 탈착

동작동 현충원
거기에 가보셨습니까!
가셨다고요?
1월 1일이면 어김없이 가시긴 했지요
TV에 나왔으니까…

거기엔, 살면서 잠든 우리를 깨우기 위해
파란 생명을
미리 써버린 헤아릴 수 없는
젊음이 두 눈 부릅뜨고 있는 곳입니다

다시 한번 가보십시오
비 오는 날, 바람 부는 날, 눈 오는 밤
홀로 가십시오

거기엔, 악어의 눈물을 뿌릴 곳이 없습니다
머리 숙이는 대신 가면을 벗으세요

감상

비발디의 사계를 들으면
푸치니의 토스카를 들으면
⋮
밖에서 서성이던 마음이
날개를 접어 제자리에 돌아옵니다
날개가 마음을 다독거립니다

지나온 자취를 되돌아보면
밖에서 서성이던 마음
발걸음 접을지
제자리에 돌아올는지

궁금해집니다

진리眞理와 주의主義

일하지 않으면 굶어 죽는다
언제까지 일할 순 없다
같이 살면 오래 잘 산다

중력의 법칙에서 자연은
노동 = 자본 → 평화 = 진리
자본의 추진력이 중력을 뚫으면
노동(생명) < 자본 → 소외 = 착취

진리가 주의의 옷을 걸치면
일하지 않고도 잘산다
언제까지 일을 시킬 수 있다
우리만 잘살면 그만이다

그리하여
노동이 자본 앞에
무릎 꿇고 생명을 구걸한다

인간이 인간 앞에
노동을 바쳐 은총을 동냥한다

분노

「성공보수는 수사, 재판 결과를 금전적 대가와 결부시킨 반反사회적 법률 행위로 무효」라고
대법원은 13명 전원 일치로 2015년 7월 23일 판결했다

어떤 단체가 판결을 폐기하라고 핏대 세운다
학살이라고 핏대 세운다
잘못된 판결이란다
13명의 진리가 2,920명의 진리를
거스르는 것은 폭력이란다

이상한 폭력이다
법을 잘 아는 그들에게
판결은 취소할 수도 있는가 보다
처음 알았다
변호사들의 법률 행위도 반사회적일 수 있다는 것을
판결은 취소할 수도 있다는 것을

법이 어두운 시대를 밝히는 등불이라면
꺼지지 않는 작은 등불 된다면
정의로운 판결이다

송충이가 솔잎을 갉아 먹어 소나무가 죽어간 세월
힘이 없어 방황했던 세월이 67년이어서
그간 쌓인 부조리를 조리질하는
너무 늦은 판결이다

바른 기층基層의 눈은 붉은 핏대 나무라는
사설社說 한 줄 보지 못했다

바른 기층이
흙탕물을 정화하는 연꽃이라면
꽃이 아닌 뿌리라면

저널리즘의 침묵에 분노해야 한다
가려서 침묵하는 것들에 대하여

3부

길道에서 길路 찾는 절망

거대한 동물원

유치원 꼬마가 엄마 손 잡고
동물원에 갔다
코끼리는 왜 들판에 있지 않고 저기 있나요?
우리보고 구경하라고
왜 잡아 왔나요?
우리를 즐겁게 해주려고

외계인 엄마가 꼬마 손 잡고
지구에 왔다
사람들은 왜 저기 있나요?
우리더러 구경하라고
왜 잡아 왔나요?
우리를 즐겁게 해주려고
누가 잡아 왔나요?

지구 동물원이 문을 닫을 시간
외계인 꼬마와 엄마는
지구를 서둘러 떠나갔다

쳇바퀴

첫차로 하루를 열고
막차로 하루를 닫는
사람들이 있다

첫차를 놓치면 오늘을 잃고
막차를 놓치면 내일을 잃는
사람들이 있다

전철은 항상
오늘만을 열고 닫는
첫차며 막차다

전철은 항상
어제가 없는 오늘만
달려간다

전철 단상

나만 유독 그러할까
누구라도 그러할까

전철에서
손잡이를 붙잡고 흔들리다 보면
앉아 있는 앞사람이 부러워 보인다

옆에서 흔들리는 사람은
나보다 덜 흔들리다가도 앉는다

그 사람이 서 있던 자리는
기득권
내 앞에 앉아 있는 사람에게 그 자리는
소유권

빈 기득권만 손잡이에 걸어둔 채
전철을 나서곤 한다

빠삐용*

남쪽에서 부는 마파람은
고향이 아마 남극이었을 것이다

북쪽에서 부는 서릿바람은
고향이 아마 북극이었을 것이다

둘이 하늘에서 만나
반가운 악수를 나눈다

나도
바람처럼 하늘에 올라본다

그곳엔
교차로도, 중앙선도, 이정표도 없었다
온갖 이것도 자유
온갖 저것도 해방
온갖 것이 평등

처음 보는 풍경이
나에겐 급성 빈혈이었다

나는 결코 바람이 될 수 없는 것 같다

나는 정녕
탈옥할 수 없는 영원한 죄수인가 보다

* 1973년 스티브 맥퀸, 더스틴 호프만 주연의 프랑스 영화. 절해고도 기아나형무소에서 살인죄 누명을 벗기 위해 끝없이 탈출을 시도하는 종신수 앙리 사리엘의 실화를 각색한 영화. 그의 가슴에 나비(빠삐용) 문신이 새겨져 있다.

문답問答

Q : 사람이 무엇을 위해 세상에 태어났느뇨?
A : 사람이 神을 알아 공경하고 자기 영혼을 구하기
위해…

셈도 익히기 전에
우리는 미적微積부터 배웠다
우리는 피기 전에 익어버린
애늙은이
우리는 아직 오지 않은 세상을 앞서 배웠다

한데
우리의 영혼은 하늘에 있질 않고
여기 척박한 대지 위에 있었다

월남 정글에서
월 45불이 영혼의 값이었다
열사의 사우디 광야에서

월 300불이…

Q : 너희는 무엇을 위해 세상에 태어났느뇨?
A : 가난의 代 끊으려고 세상에…

영혼은 저기 아닌 여기 땅에 있었다

프로크루스테스의 침대*

침대는 편리한 가구라지만
나의 침대는 편치 못합니다
그래서인지 잠을 이루지 못합니다

침대는 과학이라지만
나의 침대는 과학이질 못합니다
그래서인지 초조합니다

침대는 예술이라지만
나의 침대는 그러질 못합니다

나의 침대는
큰 것인가 하면 어느새 작아지기도 합니다
생각의 습관은 아침마다 저녁마다
침대를 잘라내고 이어갑니다

한 마음에서 분연忿然하는 생각의 갈래는
잠을 앗아 가기만 합니다

* 그리스신화에 나오는 강도. 지나가는 사람을 집으로 데려와 키가 큰 사람은 작은 침대에 눕혀 길다고 잘라 죽이고, 키가 작은 사람은 큰 침대에 눕혀 짧다고 늘려 죽였다.

이방인

개미가 기어가는 걸
무심히 지켜보면 알 수 있습니다
나비가 나는 걸
멍청히 지켜보면 알 수 있습니다

아무리 처음 가는 길이라도
누구에게 묻질 않습니다

우리는
아는 길이라서
묻지 않고 가다가 낭패 보는 일이
한두 번이 아닙니다

산과 내는 변함없는데
사람만이 가고 없다는 시구가
신화가 되었습니다

이제는
고향 가는 길에서도
길을 물어야 합니다

풀

풀은
벅찬 비바람 불 것을 안다
몸으로 안다

세찬 비바람 불어도 풀은 이겨낸다
몸으로 이겨낸다

풀은
풀에 기대어 바람 따라 눕는다
어깨동무로 누웠다가
어깨동무로 일어난다

풀은
세상 삼킬 듯한 폭풍우도 그칠 것을 안다
몸으로 안다

풀은

누운 자리에서
바람과 함께 일어난다

무거운 이름

나의 첫 번째 이름은 아들이었습니다
두 번째 이름은 오빠였습니다
세 번째 이름은 학생이었고
그 후부턴
매일매일이 이름 가지는 날이었고
삶의 전부가 이름이었습니다

삶이란 이름과 이름 사이의 곡예입니다
'이 이름'에 가다 보면, '저 이름' 멀어지고

나를 두고
이름들끼리 하는 일이란 다툼뿐
그 이름들, 너무나 무겁습니다

사랑이 괴로운 까닭

사랑이 거기에 있기에
당신은 여기서 괴로운 것이지요

당신이 사랑하는 이도 그럴 겁니다

사랑이 괴로운 건
주고자 하는 사랑이 여기에 있고
받고자 하는 사랑이 거기에 있어
감당할 수 없도록 멀고 무겁기 때문입니다

있는 둥 없는 둥 하는 사랑은
지니고 다니기에 가볍습니다

커서 무거운 사랑은
어느 순간 버려질 수 있는 것입니다

사랑은 비록 작고 가볍더라도
항상 지닐 수 있어야 합니다

길道에서 길路 찾는 절망과 환희

"죄송하지만 길 좀 묻겠습니다"
"'이 길'이 거기로 가는 '그 길' 맞습니까?"
"저도 거기로 가는 중이지만 초행이라 잘 모르겠네요"

어디로 가야 하나
누구에게 물어야 하나
'이 길'이 '그 길'인가를

하늘엔 새들이 무리 지어 춤을 추고 있다
앞선 녀석 뒤로 물러가면 뒤선 녀석 앞으로 나가고
위로 오르는가 하면 아래로 내리고
앞으로 가는가 하면 뒤로 돌고
흩어졌다간 눈앞에 현현顯現하는 신비

하늘엔 길이 없는가 보다
가는 길이 길인가 보다

하늘엔 교통신호가 없는 것 같다
그러면서도 부딪히는 일, 없는 것 보면
새들은 제 몸이 신호기인 것 같다
새들은 제 몸으로 길을 만드는 것 같다

하늘이 땅에 내리고 땅이 하늘에 오르니
이 길이 그 길이고 그 길이 이 길이었다

초행이라는 그 길손도
거기서 만났다

기다림

기다린다는 것을
꼬집어 말할 수 없군요
그대는 무엇을 기다립니까
그대의 기다림도 나와 같다면
우리는 서로가
오지 않을 것을 기다리고 있습니다

기다려도
우리의 생애엔 오지 않을 기다림은
죽음?
당치 않은 말입니다
우리가 마침내 가서 만나는 것은
기다림이 아니니까요

이렇게 말하면 그럴듯할까요
우리의 생애가 그런 것이라 하면요
마치
어제도 오늘도 내일도 고도Godot*를 기다리는 방랑

자처럼
그럴듯합니까
그래도 위안이 안 되는군요

기다림은
기다리다가 가져가는 것이라면요
그래도 성이 차지 않네요

기다림은
여기 지평선에서 저기 지평선을 바라보는 것이라면요
우리가
두 발로 설 수 있기에 멀리 보는 것이라면요

여기까지만 하기로 하지요
내일이 있으니까요

* 사뮈엘 베케트(1906-1989)의 희곡 「고도를 기다리며」에서 두 방랑자가 기다리는 인물. 「고도를 기다리며」는 '광대들에 의해 공연된 파스칼의 명상록'이라는 평을 받았다.

법치 가정

불경스럽게 잠깐
잠시 잠깐 TV 채널을 바꾸었다

마누라 눈에 쌍불이 켜진다
감히 「직권남용」이라고…

우리 사이
언제부터 직권이란 게 있었나

화면이 떨리다 말고 이중 삼중으로 찌지직거린다
쌍불이 다시 켜진다
그대로 방치하는 건 「직무유기」라고…

우리 사이
언제부터 직무라는 게 있었나

이 아낙
언제부터 그리 법에 밝았나

묘비

영원히
일어설 수 없이 누워 있는
그때의 침상 앞에
작고 검은 묘비 외롭고

그대가 잠에 든 시간 선명하지만
언젠가 새겨질
기다려 만날 시간 비어 있다

기다리는 그날
그날이 길어지길 바라는 공란에
그대는
잠들어 있다

아날로그 편지

이것이
내가 받은 마지막 손편지인 것을
그때는 몰랐습니다

그러다 보니
그때가 언제였는지도 희미합니다

그러다 보니
불현 듯 손편지 체온 한번 느껴보고 싶습니다

그러다 보니
손편지 보낼 누구 하나 없는 것이
가슴을 아리게 합니다

절연絶緣

태어날 때 연고緣故는
잠시 빌려 쓴 탯줄이었다
탯줄이 잘리는 아픔의 순간
연고는 이제 안녕인 듯싶었는데
아픔이 치유되는 일상에서
인연을 딸려 보낸다

저쪽 끝
탯줄의 원형이 무너질 때
인연은 안녕이란 말 남기고 떠난다

연고가 인연을 끊는 결단은
아무나 하는 건 아니지만
그 아픔
아무나 감내하는 건 아니지만
누구도
피할 수 없는 절망적 해방

이 말, 위로가 될는지

생각해보셔요
우리가 소꿉놀이할 때 나눴던 이야기
시간의 지층에 화석으로 묻혀 있네요
생각은 화석을 캐낼 수 없군요
어림잡아 캐내도
붙잡을 수는 없네요

언제 다시 온다는 약속은
우리가 그때 나눈 이야기는 아니었지요
긴 시간이 약속을 만들었나 봐요
하지만
그때처럼 푸른 하늘 아래
어딘가에
우리 함께 있다는 말 위로가 될는지 모르겠네요

4부

길道에서 길路 찾는 환희

산흔産痕

아내는
하필 나에게 시집왔단다

열두 계단을 내려가는
지하 셋방에서 아내는
덜컥 쌍둥이를 가졌단다

하나라도 비좁은 배 속에
둘씩이나 날뛰다 보니
아내의 뱃가죽은
터질 듯 말 듯 부풀었단다

그래서 그랬을 것이다
그 뱃가죽은 예나 지금이나
천지사방 성한 구석 하나 없단다

하얗게 거미줄 쳐진 산흔이
세월 놓지 않고 따라온단다

탯줄

뇌졸중이 중증이어서
키 큰 아들 걸음걸이 멈칫,
자칫거린다

늙음이 멈춰버린 어머니가
뒤에서 껴안고 걸음마 가르친다

"왼발, 옳지! 이제 오른발, 그래그래!"

발자국 하나 디디는 데도 하세월
아들 몸 뒤로 가고 어머니 마음 앞서간다

걸음마다 맺히는 어머니의 땀
핏방울로 괴어 오장으로 흐른다

언어의 바구니에 담을 수 없다

오후 4시, 성남 공설 운동장에
아들과 어머니는 항상 그렇게 있다

어머니와 아들은 아직도
탯줄로 하나다

김수환 스테파노 추기경님

이제는 초대장이 올 만한데 안 온다고
사랑이 머리에서 가슴에 오는 데
70년이 걸렸다고
이제야 큰 사랑 알았다고
너무 늦게 얻었다고

그래서 당신은 스스로 바보라고

요즘 세상에
자기를 바보라고 하는 바보는
진짜 바보 아닐까
추기경님 말고 또 계실까

바보가 하나도 없는 요즘 세상이
어두운 걸 보면
추기경님은
어둠을 사랑으로, 가슴으로 홀로 밝힌
외로운 별, 바보 별, 고마운 별!

아버지처럼 늙어간다

차 조심하고 늦지 마라
위험한 곳 가지 마라
이웃에 피해 주지 말고
사람 조심하고…

아 참, 또 있다
인사성 밝아야 한다

저 밑바닥에 가라앉은
아버님 말씀을 꺼내
자식에게 써먹는다

나는
말하는 투도 늙어가는 모양새도
아버지를 닮아간다

아버지는 넘어설 수 없는
거대한 벽이었다

웨딩드레스

평생 처음
마음 시리게 입혀주는
웨딩드레스

딸아이
시집보내는 웨딩드레스

한 마리 가여운 새
둥지 떠날 때 입혀주는
웨딩드레스

세월 흘러 가물거려도
그 모습 생생할
웨딩드레스

아가야!
떠나 찾은 새 둥지에

웨딩드레스 꿈
하얗게 깔아보렴

신원伸寃

밤사골서 오르면 피아골
칠선계곡 타 반야봉 넘으면 천왕봉
하늘이 기다린다

오르는 길 비켜선 외진 길섶
허물어진 비트*에서
아직껏 타오르는 은밀한 불꽃

천왕봉 오르지 못하고
숨죽인 영혼들 불러 모아
하늘에 날리고자
하늘에 보내고자

달마가 동쪽으로 가듯 천왕봉에 오른다

움츠린 역사여
이제 그 긴 은둔 접어

하늘에 오르자

* 비밀 아지트. 빨치산들의 은신처.

나누고 싶은 꽃동산 이야기

누가 절망을 이야기하는가?
우리 절망을 이야기하기엔 너무 이릅니다
전국에 있는 138개 꽃동산, 헌혈의집이 있는 한
절망은 없습니다

거기 꽃동산
30분 걸리는 전혈*, 한 시간 걸리는 성분헌혈**
바쁜 시간 짬 내어
줄지어 기다리는 아름다운 꽃들
함께 꽃밭을 만들어갑니다

꽃들이 뿜어내는 피는 대해를 이루어
시들어가는 꽃을 살려냅니다

희망의 미소가 잔잔하게 퍼질 때
우리의 절망은 희망으로 탄생합니다

* 혈액의 모든 성분을 헌혈하는 것.
** 혈액 중에서 특정한 성분만 채혈하는 것. 나머지 혈액 성분은 헌혈자에게 다시 되돌려준다.

엄마라는 이름의 여자

애들 치다꺼리에 파김치 된 아내에게
미안해서 하고 싶지만
낯 간지러워 거꾸로 해본 말
"해랑사"*(←)
아내는 어디 절 이름이냐고 물었다

아내에게 애들은 철옹성
그 성 지키려고 저를 놓아버렸다
해 질 녘 어느 날 문득 아내가
'해랑사', 그 절에 한번 가보자고 한다
찾을 길 없는 그 절

아내는 아직도 그 절, 문 열지(←) 못하고
지쳐간다

* "사랑해"를 거꾸로 쓴 것.

눈 오는 날, 어느 여류 화가에게

창밖을 봐요 하늘에서
함박눈이 하늘하늘 내려요
하늘 마음이 춤추며 내려요

한 아름 캔버스에 담으면
얼마나 하얄까요
외로울까 봐 거기 내 마음 넣어주면
또 얼마나 하얄까요

내 마음 보태어 봐요
꽃신 사러 장에 간 엄마랑 아빠랑 오빠가
손잡고 오네요
사뿐사뿐 춤추며 오네요

버리고 떠나는 연습

내일이면
생애 아홉 번째 이사 가는 날
우연도 법칙이려나
다섯 번까지는 이삿짐이 삼륜차에서 용달차로 늘었는데
그 후부턴 반대로 줄어간다

노자께서
"매일매일 버려라" 한 것이 우연의 법칙이었을까
노자께서도
이사를 많이 다니셨나 보다

무성한 잎새가 가지에서 놀다가 때 되면
하나 둘 낙엽으로 떠나는 것
영락없이 이사 가는 것이다

버리고 떠나는 연습이 깊어질수록

버릴 것도 없이 떠나는
마지막 이사이려나

어떤 남자가 거울 보는 이유

한 여자와 한 남자가
한집에서 살아가는데

두 사람은
아침마다 저녁마다
거울을 들여다본다
열심히 다독거리며

여자는 젊음을 붙잡아 매려고
남자는 머뭇거리는 젊음을 놓아주려고

아침이면 오늘 얼마나 늙을 거냐고
저녁때면 오늘 얼마나 늙었냐고

늙어가면서
날마다 아름다워지는
어떤 남자는

오늘도 거울 앞에서 젊어간다

오늘 생긴 주름살이
어제보다 곱다
세월이 머리 위에 은빛으로 앉아 있다

나무처럼, 꽃처럼

어제
산 길모퉁이에
이름 모를 나무, 이름 모를 꽃망울
움트고 있었다

오늘
그 나무, 그 꽃 맹렬히 피고 있다
오늘 다 피우고 말겠다는 듯

저 나무, 저 꽃처럼
맹렬히 할 수 있는 것 없을까

맹렬히 산을 올랐다
망각의 타성은 일상이 되어
그 '맹렬'이란 걸 정상에 버린 채 내려왔다

그 나무, 그 꽃

맹렬히 지고 있다 오늘 다 지고 말겠다는 듯

이처럼 나도
맹렬히 질 수 있는 것, 가질 수 없을까

이처럼 나도
맹렬히 피다가 맹렬히 질 수 있는 것
하나쯤 가질 수 있으려나

군번

하재마을 화산 언덕배기에 가면
아마
해안 초소가 하나 있을 것이다
무거운 시멘트 벽돌 하나하나에
62XX 60□□의 사역이
쉰내 나는 고통의 흔적이 배어 있을 것이다

밀물이 시간을 몰고 오는 소리
바위에 부딪히는 파도의 비명
하얀 포말로 산화되고
모래톱 금빛 햇살은 자리를 비켜준다

썰물이 시간을 몰아가는 소리
멀어져 하늘이 삼키고
포말의 잔해가 갯벌 위에 뒹굴고
금빛 햇살은 모래톱을 다시 찾는다

밀물과 썰물이 맴도는 해안 초소에는
시간도 맴돌았다

하재마을 화산 언덕배기에 가면
아마
지금도 그럴 것이다

낙엽

가지에 스치는 한 줄기 바람에
떨어지는 한 잎, 한 잎 낙엽 따라
가을이 저물면
그 길 따라
학처럼 걷는 이가 있었다
깨금발로 걷는 이가 있었다

낙엽이 누운 포도鋪道 위에
학 같은 사람 그만 걸음을 멈춘다

차마,
제 몸 밟히는 것 같아
그 아픔 무거울 것 같아

5부

마지막 선물

소라

바다는 그 깊이로
낮엔 해를 안고
밤엔 달을 품는다

바다의 깊이로
닿지 못하는 바람의 시샘은
해를 부수고
달을 흔든다

달이 상처 날까
해가 상처 날까
타는 마음으로

소라는
바람을 주워 담아
지친 몸
모래톱에 눕힌다

호박꽃 초롱

나팔 소리 없이 울려오는
어둠의 진군을 해는 들었을 것이다
번쩍이는 칼날 없이 빛나는
어둠의 행렬을 해는 보았을 것이다

서산 너머로 물러서도
올빼미 같은 울 어매 눈은
산등성이 밝히는 해였다

등 굽은 울 어매 앙상한 손은
밭이랑에 숨은 해 캐내는 갈퀴였다

적막한 허기, 작은 몸 휘감다가
마저 잠들어 가면
그 자리 채우는 울 어매 생각
반딧불 하나 넣은
호박꽃 초롱 만들어

짐승처럼 기어 오는
어매 길목에 걸어본다

하고 싶은 말, 차마 못 한 말

늦은 저녁 밥상 앞에서 우리 부부는
그야말로 감춰진 속마음으로
부딪치고 말았다

만약에, 만약에 우리가
다음 생에 다시 만난다면
우린 또 부부일 수 있을까?

이 세상 넘쳤던 결핍
저 세상까진 이어가지 말자고 한다

나도
그럴 생각이지만,

나는
이 세상 빈곤, 너무 미안해서 그런 것이다
또 그럴까 봐 그런 것이다

그대 놓아주려고 그런 것이다
그대 잃었던 웃음 찾아가라고 그런 것이다

찔레꽃 생각

바로 그때
유일하게 운동화 신은 소녀
무명 치마저고리 틈새에서
돋보이던 그때 말로 분홍빛 간따꾸
천사였다
서울에서 전학 왔다가
1년도 채 안 돼 다시 간 영희

5월이 오면
찔레꽃 한 움큼 다발 만들어
천사 가버린 빈집 언저리에서
서성이던 소년

가기 전에 한 번쯤 그랬을걸

원시遠視

세상일이란
어느 하나 틀리는 일 없는가 하면
어느 하나 맞는 일도 없는가 보다

세월 많이 써버린 우리네
맞는 일 찾느라 지쳐버린 우리네

이젠
틀리지 않는 일 찾는 데만
눈을 써야 한다

우리네, 이제 그러라고
멀리서 오는 걸 보라고
원시가 되었나 보다

별난 여행

회비로 가는 여행이라서
공짜로 가는 여행이라서 같이 갈 수 있지만
아내는
아직도 거동이 편치 못하다

구름 아래 펼쳐지는 산과 들녘
오늘 유난히 높고 넓었다
구름 위에 펼쳐지는 푸른 공간
오늘 유난히 두 눈에 담을 수 없다
멀리 보이는 수평선
오늘 별나게
더 이상 바를 수 없는 선線이었다
선이 만나는 원圓이었다

공짜로 가는 여행이어서
그런 건 아닐 게다

폭포

일곱 빛 무지개
빨강과 주황 사이, 남색과 보라 사이를
고무줄처럼 늘이고 늘이면
색깔의 경계가
있는가
없는가

빛깔 없이 흐르는 물
수평이 끝나는 극極을 만나면
속절없이 투신한다
어디서 나왔는지 모를
하얀 방울로 투신을 이어간다

또 다른 수평을 만나기 위해
부서지는 폭포의 아픔은
하얀색

하얀 편지

너에게 나를
전부 보여주고 싶긴 한데
나를
산산이 조각내어
진실을 보여주고 싶긴 한데
그 결말이 두려우면
혹은
감당할 수 없을 것 같으면
혹은
보여주기가 차마 부끄러우면

검은 종이 위에
검은 연필로 써 보내자

두려움, 부끄러움까지도 한 점 남김없이
써 보내자 선명하게 써 보내자

그대 생각

오늘도 어제처럼
그대 생각에 잠시 마음 가면
미운 만큼 아픈 마음
아픈 만큼 사랑이 먼저였네라

낙엽에 그대 생각 담아
바람에 실어 보내도
가지엔 아직 남은 흔들림
보낸 만큼 눈에 밟혔네라

바람에 날려가고
바람에 실려 오는 건
그대 생각이었네라

안개꽃

하늘이
나에게 꽃이 되라 하면
기꺼이 안개꽃이 되렵니다

장미를 에워싼 그 옆
작디작은 안개꽃이 되렵니다
겸손이 그러란 건 아닙니다

장미가 더 오를 곳이 없는 건
함께 있는 나 때문입니다

장미는 꿈에 잠들지만
나는 꿈으로 깨어 삽니다

하늘이
나에게 꽃이 되라고 다시 한대도
나는 기꺼이 안개꽃이 되렵니다

보이는 나의 바깥은 안개꽃이지만
안은
하늘로 있습니다

크리스마스 추억

6·25를 경험한 우리들 세대
해방의 기쁨을 시새우는 뒤엉킴으로
유년을 시작한 우리들 세대

머리에 처음 들어온 영어
기브 미 초콜릿, 메리 크리스마스
기브 미 안을 가득 채운 배고픈 절망
크리스마스 안에 꽉 찬 안개 같은 희망

그때 크리스마스는
짙은 어둠 밝히는 호롱불,
천만겁 고요에 쌓이는 함박눈이
모두였는데, 전부였는데
이제 비켜 가야 할 우리들 세대

기브 미와 메리는 또 꼬리에 무엇을 달고
마지막까지 지우지 못할

끝내 채우지 못할
영원한 영어, 영원한 추억, 영글지 못할 희망이려나

이제야 보내는 너

잘 가거라, 너
가서 잘 살아라, 너

미쳐갈 무렵 갈 길 몰라 헤매댈 때
내 곁에
있어주지 않았다면 길 못 찾아 낭떠러지에
나는
떨어졌을 것이다

한마디 말대꾸 없이 모질고 긴 세월
날 보듬어 세웠던 너

이제
떠날 때다 가라 어서
기웃거리지 말고 낙타처럼 떠나라
왔던 때처럼
큰 눈 껌벅거리지 말고 가라

다시 미칠 일, 헤매댈 일 없는
지금이
너를 놓아줄 때다
네가 떠날 때다

그대의 뜻이라면

내 무덤은 아예 없었으면 하는데
산하山河에 새들의 무덤 보았는가
언젠가는 별들도 허물어져
그 자리가 바로 별들의 생애고 무덤일 텐데…

내 무덤 앞에서 울지 않았으면 하는데
그 울음 따라 흘릴 눈물 없을 텐데…
별들도 울지 않고 사라지는데

내 무덤 앞에 꽃이 없었으면 하는데
그대 눈물이 꽃에 머물면
꽃 또한 울 것이고, 나 따라 슬퍼질 텐데…

그대의 생애에 불쑥 다가선 나의 의미가
항상 가을비 같고, 그림자 같아서
그대 걷는 세월 따라
점점 잊혀가면 좋을 텐데…

그런데
그런데 그대의 뜻이 정녕 그렇다면
생애에 잠시 머물렀던 것처럼
그 무덤은 작았으면 하고
너무 슬피 울지 않았으면 하고
생애처럼 이름 없는 들꽃이었으면 하는데

그런데
그런데 정녕 그대의 뜻일지라도
별들이 서로를 수이 잊어 다시 태어나듯
그렇게 그대도

어느 곁에 있을 별이었으면 하는데…

마지막 선물

외딴 양반이 돌아가셨다
외딴곳에 움막 짓고 살아서 붙은 별칭이다
선달그믐 날 1년 새경 받아 쥐면
그 길로 휭하니 정월 내내 출타

퀭한 눈으로 돌아오면
몇 날 며칠 방 짐 짊어지며
하늘 같은 지아비 몸이 이리 허한데
보약 한 재 안 지어 온다고
염병할 년, 호랭이 물어 갈 년…
세상 욕이란 욕 다 갖다 붙여댄다

그러던 외딴 양반
저승에 등짐 지러 떠나면서 외딴댁에게
내 누구에게 그리하겠냐고…

다음 생엔

나 만나지 말라고
내 만나주지 않겠다며

처음인 마지막으로 떨리는 손
못다 내밀고 떨구었다

댓돌 풍경

오일장도 아닌데
댓돌 위에 전廛 벌인 고무신들

흰 고무신엔 검은 실로 네모, 가위표 달고
검은 고무신엔 흰 실로 큰대자를,
어떤 것은
불 달군 쇠꼬챙이로 묵형墨刑 받고
댓돌 위에 전 벌인 고무신들
파장을 잊고 저마다 선잠 달게 자는데

짚신 몇 켤레
댓돌 아래켠에서 추위에 떤다

| 후기 |

우리들의 생애는 길 찾는 것이 전부인 것 같습니다.

우리가 찾는 것을 무엇이라 표현해도 상관은 없지만, 그것은 삶을 완성시키는 것임에는 틀림없습니다.

그것이 반드시 길의 끝에 있는 건 아니지만, 우리는 그것이 끝에 있다고 생각합니다.

그래야 찾아 걸을 수 있는 이유가 되니까요.

그 끝은 '지금 바로 여기'보다 더 멀리, 더 높이 있습니다.

우리는 그것을 더 빨리 찾으려 합니다.

그래서 우리는 숨 가쁘게 질주합니다. 마침내 그 끝에 이르는 순간을 볼 수도 있습니다.

환희의 순간이지요. 그러나 우리는 순간보다는 영원을 추구합니다.

이때 그 끝은 보다 더 멀리, 보다 더 높게 있으면서, 보다 더 빨리 오라고 손짓합니다.

순간의 환희는 절망으로 가 있습니다. 우리는 보다

더 바쁘게 질주합니다.

길을 걷는 것은 '나' 아닌 절망뿐입니다.

우리가 찾는 것은 끝보다 더 가깝게, 더 낮은 곳에 있습니다.

더 느리게 찾아야 합니다.

완성은 신기루 같은 것입니다. 끝에 있지 않고 순간순간의 길 위에 있습니다.

여기에 절망은 없습니다. 환희와 기쁨만 있습니다. 죽어버린 사람은 절망조차 할 수 없습니다.

기적 같은 세상을 기적 아닌 것처럼, 기적 아닌 세상을 기적처럼 살아가는 우리는 지금 여기에서 행복하지 않을 수 없습니다. 그 길은 질주疾走의 끝에 있지 않고 소요逍遙의 과정에 있습니다. 질주는 소유所有의 길이며, 그 길에서 소유하는 것은 절망뿐입니다.

소요의 길은 나누어 가지며, 더불어 함께 걷는 환희의 길입니다.

환희는 소유가 아닌 활용이며 느끼는 존재, 그것입니다.

질주는 선線 위를 내달려, 돌아올 수 없는 외길이며 실수를 허락하지 않습니다.

소요는 면面을 걷는 것이어서 실수가 용납되며 돌아갈 수 있는 여백이 넉넉합니다.

길은 선보다 면에서 찾기 쉽습니다.

길道은 우리가 처음 나온 원초적 공간으로, 우리가 돌아오기를 기다리며, 항상 거기에 있는 고향입니다.

길路은 발로 걸어서 고향으로 돌아가는 통로입니다. 통로가 어쩐 이유로 막히면 고향길은 멀어집니다. 이유는 우리가 만든 것입니다. 그래서 남이 허물어줄 수 없습니다.

우리가 스스로 허물어야 고향길은 열리게 됩니다.

그때 자유는 고향과 함께 우리를 맞이합니다.

* * *

졸시拙詩 76편을, 딴에는 면으로 그려보려 했지만 지나와 보니 면이 아닌 선이었습니다.

질주와 소요는, 길道과 길路은 아직은 뜨악하게 서로를 바라만 봅니다.

-2019년 5월

박봉규